Leo & Co.

Der 80. Geburtstag

INHALT

Die Hauptpersonen dieser Geschichte   6

Kapitel 1   8
❯Übungen   50

Kapitel 2   11
❯Übungen   51

Kapitel 3   15
❯Übungen   53

Kapitel 4   19
❯Übungen   54

Kapitel 5   22
❯Übungen   55

Kapitel 6   25
❯Übungen   56

Kapitel 7   29
❯Übungen   57

Kapitel 8   34
❯Übungen   57

Kapitel 9   39
❯Übungen   57

Kapitel 10   44
❯Übungen   59

⊜ Landeskunde   60

DIE HAUPTPERSONEN DIESER GESCHICHTE:

Leo
Leo ist Maler, aber er ist auch ein leidenschaftlicher Koch.

Seine Kneipe „Leo & Co." ist ein gemütliches Lokal, in dem man gut und preiswert essen kann. Seine Stammgäste sind wie eine große Familie.

Aber er hat natürlich auch noch eine richtige Familie, obwohl er das manchmal vergisst.

Leos Mutter
Sie feiert ihren 80. Geburtstag mit vielen Gästen und erlebt einige Überraschungen.

Die größte: Ihr ältester Sohn Leo kommt. Und Überraschungen gibt es auch für ihn.

Gisela
Gisela ist Leos Schwester.

Ihr Anruf kommt überraschend und bringt Leo ziemlich durcheinander. Ohne seine Schwester hätte er den Geburtstag seiner Mutter völlig vergessen.

Arlette Lagarde

Die junge Französin kommt aus Paris und ist das neue Au-pair bei Veronika Meier.

Bald kennt sie alle Mitglieder der großen Familie von „Leo & Co." und verdreht den Männern den Kopf.

Veronika Meier

Sie lebt und arbeitet bei ihrem Vater und erzieht ihre kleine Tochter Iris allein.

Das neue Au-pair ist ein echter Schatz! Das finden auch ihre Tochter Iris und Felipe.

Iris

Iris achtet sehr darauf, dass Arlette fleißig Deutsch lernt.

Und sie hat sie am liebsten ganz für sich allein.

Felipe

Felipe ist 17 Jahre alt und geht noch zur Schule, aber ungern. Es gibt viel spannendere Dinge in Felipes Leben.

Zurzeit beschäftigt er sich mit Amors Pfeilen und interessiert sich nur für Arlette Lagarde.

1

„Hallo, Leo! Hallo!"

„Er hört uns nicht", sagt Iris.

Iris ist die kleine Tochter von Veronika. Veronika ist die Tochter von Klaus Meier. Und Klaus Meier ist der beste Freund von Leo.

„Komm, wir rufen gemeinsam: Leo! Hallo, Leo!!!"

Mutter und Tochter warten einen Augenblick, dann rufen sie noch einmal:

„Leo! Hallo, Leo!!!"

Im ersten Stock öffnet Leo seine Ateliertür und fragt:

„Wo brennt's denn?"[1]

In der Hand hält er einen Pinsel, sein Hemd und seine Hose sind voller Farbflecken.

Leo ist eigentlich Maler, aber er ist auch ein leidenschaftlicher Koch. Vor ein paar Jahren hat er sein Hobby zum Beruf gemacht und das Lokal „Leo & Co." eröffnet.

„Hallo, Leo, darf ich Iris kurz bei dir lassen? Ich muss zum Bahnhof!"

„Ja, ja. Komm rauf, Iris."

„Du bist ein Schatz, Leo! Danke, bis später!"

„Was machst du da?"

„Ich male."

„Das sieht aber nicht schön aus. Das kann ich auch!"

Leo legt seinen Pinsel weg.

„Willst du auch malen, Iris?"

1 *Wo brennt's denn?* ugs. für *Was ist los?*

„Nein. Erzählst du mir eine Geschichte?"
„Eine Geschichte? Was für eine Geschichte?"
„Ein Märchen!"
„Hm, ich kenne kein Märchen."
„Hat dir deine Mama nie Märchen erzählt? Meine Mama erzählt mir viele Märchen, oder sie liest mir vor."
Leo hat kein Buch zum Vorlesen, auch kein Bilderbuch für Kinder.
„Na, dann versuch ich mal eine Geschichte."
„Aber eine lange! Und eine schöne!"
„Ja, ja!"

3

❍Ü1

„Monsieur Leo! Bonjour!²"
„Hallo? Ist da jemand?" Leo geht zur Tür und öffnet sie.
„Guten Tag, ich bin Arlette, aus Frankreich."
Leo begrüßt die junge Dame:
„Bonjour, Mademoiselle. Je suis Leo.³"
„Du musst Deutsch reden, Leo! Mama hat gesagt, wir müssen Deutsch reden! Arlette möchte doch Deutsch lernen!", ruft Iris.
„Wie? Was?" Leo ist irritiert.
„Ich bin der neue Au-pair."
„Das Au-pair!", verbessert Leo.
❍Ü2 „Die Au-pair!" ruft Iris. „Sie ist doch ein Mädchen!"

2 *Bonjour: frz.* Guten Tag
3 *Je suis Leo: frz.* Ich bin Leo.

Arlette Lagarde kommt aus Paris. Sie arbeitet jetzt schon seit ein paar Tagen als Au-pair bei Veronika Meier. Sie bleibt ein Jahr. In dieser Zeit kümmert sie sich um Iris und lernt Deutsch. Sie hilft Veronika 30 Stunden in der Woche und besucht einen Sprachkurs.
Sie bekommt 260 Euro Taschengeld im Monat.
Am Morgen bringt sie Iris in den Kindergarten, am Mittag kommt sie mit Iris, Klaus und Veronika Meier zum Mittagessen zu Leo.

„Salut, mes amis!⁴" Benno begrüßt seine Mittagsgäste.
Iris protestiert sofort: „Du musst mit Arlette Deutsch sprechen! Merk dir das endlich!"
Benno lacht und begrüßt die Gäste noch einmal: „Hallo, Arlette. Guten Tag, ihr Lieben! Was darf ich euch bringen?"

4 *Salut, mes amis: frz.* Hallo, meine Freunde.

TAGESGERICHTE

Chef-Salat mit Pilzen   5,50
Ofenkartoffeln mit Quark 6,95
Sauerbraten mit Klößen   8,95
Gemüseteller   7,20

Klaus Meier liest die Tafel. Jeden Tag gibt es drei Gerichte. Eins ist immer vegetarisch. Arlette Lagarde ist Vegetarierin. Iris auch, seit Arlette da ist.

„Wir nehmen das Gemüse!", ruft sie.

„Und ich nehme den Sauerbraten", sagt Klaus Meier. „Ach ja, und ein alkoholfreies Bier, bitte."

„Was darf ich dir bringen, Veronika?", fragt Benno.

„Hm, ich nehme den Chef-Salat und eine Portion Ofenkartoffeln mit Quark, bitte."

„Mahlzeit!"

„Hallo, Felipe! Ist die Schule schon zu Ende?" Veronika begrüßt den jungen Mann.

„Hmh, für mich schon."

„Setz dich doch zu uns!", fordert ihn Klaus Meier auf.

Veronika stellt ihn Arlette vor:

„Arlette, das ist Felipe, und das ist Arlette. Sie arbeitet bei uns als Au-pair."

Verlegen gibt ihr Felipe die Hand.

„Hola, mucho gusto!"[5]

„Du musst mit Arlette Deutsch sprechen, Felipe! Arlette will Deutsch lernen!", schimpft Iris.

„Sehr angenehm!", stottert Felipe und bekommt einen roten Kopf.

Arlette Lagarde haucht ein „Tag, Felipe!" über den Tisch.

Felipe trinkt eine Cola. Er hat keinen Hunger. Ab und zu nimmt er eine Ofenkartoffel von Veronika. Er überlegt, wie er mit Arlette ins Gespräch kommen kann.

„Woher kommst du, Arlette?"

„Aus Frankreich!", ruft Iris.

5 *Hola, mucho gusto!* span. Hallo, sehr angenehm!

Auch der nächste Versuch scheitert:
„Warst du schon mal in Deutschland?"
„Nein! Sie ist zum ersten Mal in Deutschland! Stimmt's, Arlette?"
„Ja", antwortet Arlette.
Iris verteidigt ihr Au-pair wie eine Löwin.
Nach dem Essen steht Klaus Meier auf und fragt:
„Möchte jemand einen Espresso? Ich gehe in die Küche zu Leo."

3

Zwei Tage später hängt ein Schild am Lokal:

> # Heute Abend
> ## geschlossene Gesellschaft![6]

Kurz vor sieben kommen die Gäste. Veronika hat alle heimlich eingeladen. Das Essen soll eine Überraschung für Arlette sein.
Kurz nach sieben kommt auch Familie Meier mit ihrem Gast.
Iris nimmt Arlette bei der Hand und führt sie ins Lokal.
Mitten im Lokal steht ein großer Tisch. Anna hat ihn schön gedeckt: Teller, Besteck und Gläser auf einer weißen Tischdecke, Blumen und bunte Servietten.
Anna jobbt bei Leo. Mit dem Geld finanziert sie ihr Studium.
Anna ist die beste Freundin von Veronika.
Arlette steht im Lokal und freut sich:
„Magnifique!"
Iris zieht sie am Arm.
„Herrlich!" wiederholt sie auf Deutsch. Ein Akzent zum Verlieben, denkt Felipe und versucht, einen Platz neben Arlette zu bekommen. Es gelingt!

---

6 *die geschlossene Gesellschaft:* ein Lokal ist für eine private Feier reserviert

Leo hat den ganzen Nachmittag das Essen vorbereitet und ein richtiges Menü zubereitet, natürlich rein vegetarisch: Als Vorspeise gibt es Spargelsalat. Das Hauptgericht sind Käsespätzle mit gerösteten Zwiebeln, dazu gibt es grünen Salat. Und zum Nachtisch: Vanilleeis und Kaiserschmarren.

Das Essen beginnt mit einer kleinen Begrüßungsrede von Klaus Meier:

„Liebe Arlette, wir freuen uns, dass du bei uns bist. Du bleibst ja für ein ganzes Jahr, und deshalb sollst du alle Mitglieder unserer großen Familie kennenlernen. Wir sind nicht alle miteinander verwandt, aber wir fühlen uns wie eine richtige Familie: Wir haben sogar eine richtige Großmutter: Oma Trude!"
Trude Sommer ist die Großmutter von Anna. Aber alle nennen sie Oma Trude. Frau Sommer prostet Arlette zu:
„Willkommen, Arlette!"

Ein Fest für Arlette
Spargelsalat
Käsespätzle mit gerösteten Zwiebeln und grünem Salat
Kaiserschmarren mit Vanilleeis

Klaus Meier stellt die anderen Familienmitglieder vor:
„Meinen Freund Leo kennst du ja schon, wir sind sozusagen die
Väter in der Familie ...“
„Du bist doch mein Großvater, oder?“, ruft Iris dazwischen.
Alle lachen.
„Ja, da hast du recht. Also ist Oma Trude eigentlich die Urgroß-
mutter und wir sind die Großväter.“
„Was ist Urgroßmutter?“, fragt Arlette Felipe leise.
„Das ist die Mutter der Großmutter.“
„Ah, bei uns heißt das arrière-grand-mère.“
„Pssst!“, zischt Iris und Klaus Meier stellt die übrigen Gäste

➲Ü5 vor.

Benno bringt die Getränke und das Abendessen beginnt.
Zwischen Vorspeise und Hauptgericht singt Iris ihr erstes fran-
zösisches Lied: Frère Jacques ...

Frère Jacques !
Frère Jacques !
Dormez-vous ?
Dormez-vous ?
Sonnez les matines.
Sonnez les matines.

Ding Ding Dong ...
Ding Ding Dong ....

4

Leo bereitet den Nachtisch zu. Er hat das Rezept für den Kaiserschmarren von einem Ausflug in die bayerischen Berge mitgebracht.

„Ein schönes Fest, mein Lieber! Und danke für das feine Essen! Ich habe nicht gedacht, dass vegetarisches Essen so gut schmeckt!", lacht Klaus Meier.

„Tja, mein Freund, ich habe ja auch mit Liebe gekocht!"

„Wie meinst du das?"

„Arlette ist doch ein Mädchen zum Verlieben", sagt Leo.

„Zu spät, mein Lieber. Gegen diese Konkurrenz hast du keine Chance!"

„Wer ist es?"

„Unser Latin Lover[7], Felipe."

„Verstehe!"

In diesem Moment klingelt das Telefon. Benno geht zur Theke und nimmt ab.

Er spricht, sieht Leo an und zuckt die Schultern.

Leo steht auf und geht zum Telefon.

Im Vorbeigehen fragt er Benno:

„Wer ist dran?"

Benno zuckt wieder die Schultern: „Weiß nicht, irgendeine Gisela."

Ü6

Leo bleibt einen Moment stehen, dann sagt er: „Bitte stell mir das Gespräch ins Büro."

Er geht in den ersten Stock.

Ü7

„Wo ist Leo eigentlich?"

„Im Büro. Eine Frau hat angerufen, Gisela. Kennst du die?"

Klaus Meier schüttelt den Kopf.

„Wir gehen jetzt, Papa. Es ist gleich elf. Iris muss ins Bett und morgen wollen wir doch einen Ausflug machen."

„Ja, Veronika, ich komme ja schon. Soll ich mal nach Leo sehen?"

„Vielleicht will er nicht gestört werden", lacht Benno und zeichnet ein Herz in die Luft.

---

7 *der Latin Lover:* Bezeichnung für einen Mann italienischer, spanischer, portugiesischer oder lateinamerikanischer Herkunft, ein oft attraktiver, leidenschaftlicher Liebhaber

„Oder er will einfach seine Ruhe. Zu viel Familie ist auch nicht gut. Komm, Papa!"

Die Gäste verlassen das Lokal. Klaus Meier dreht sich noch einmal um und sieht zum ersten Stock hoch. Im Büro brennt noch Licht.

Anna, Benno und Paco räumen die Tische ab.

Felipe geht an der Seite von Arlette. Vor der Haustür sagt er leise:

„Buenas noches![8]" Und gibt ihr einen Kuss auf die Wange.

„Komm, Arlette! Du musst mir noch eine Gutenachtgeschichte[9] erzählen!" ruft Iris ungeduldig.

---

8 *Buenas noches! span.* Gute Nacht!
9 *die Gutenachtgeschichte:* eine Geschichte, die man Kindern abends vor dem Einschlafen erzählt oder vorliest

Am nächsten Tag steht Klaus Meier früh auf.
Er geht zu Leos Lokal.
Er sieht durch die Fenster. Alles wie immer. Er geht zur Rückseite.
Die Haustür ist offen. Er geht leise ins Haus. In der Küche brennt
Licht. Leo sitzt am Tisch und trinkt Kaffee.
„Guten Morgen, Leo!"
„Hallo, Klaus! So früh? Ist was passiert?"
„Nein, nein, alles o.k. Ich wollte nur mal reinschauen. Du bist ges-
tern Abend nicht mehr zurückgekommen. Alles in Ordnung?"
„Möchtest du einen Kaffee?", fragt Leo.
„Gern."

„Ja, im Prinzip ist alles in Ordnung! Na ja, vielleicht doch nicht alles."

„Du sprichst in Rätseln[10], mein Freund. Wie meinst du das?"

„Mir fehlt nichts, aber das Telefongespräch gestern – ich habe die ganze Nacht nicht geschlafen."

„Wer hat denn angerufen?"

„Meine Schwester!"

„Deine Schwester? Ich wusste gar nicht, dass du eine Schwester hast."

„Ich habe auch noch einen Bruder: Kurt."

Leo macht eine Pause.

Auch Klaus wartet und trinkt seinen Kaffee.

„Sieben Jahre! Sieben Jahre habe ich mit meiner Schwester nicht mehr gesprochen. Und plötzlich ist die Vergangenheit wieder da."

„Warum hat deine Schwester angerufen?"

„Meine Mutter hat Geburtstag."

„Deine Mutter?"

„Ja, sie wird nächste Woche 80. Ich habe ihren Geburtstag völlig vergessen."

„Fährst du hin?"

„Natürlich! Es gibt ein großes Fest und da darf ihr ältester Sohn doch nicht fehlen." Leo versucht zu lächeln.

„Ihr habt nicht viel Kontakt, oder?"

„Nein, leider. Aber das ist eine lange Geschichte."

„Du musst sie nicht erzählen!"

„Doch! Vielleicht ist es ganz gut, wenn sie mal rauskommt.

12
❯Ü8
❯Ü9

---

10 *in Rätseln sprechen:* keine klare Aussage machen, so sprechen, dass andere den Inhalt oder Kontext nicht verstehen

„Drring! Drring! Drring!"
„Entschuldige, Leo!"
Klaus Meier sucht sein Handy.
„Hallo? - Was, es ist gleich neun Uhr? Ich komme gleich."
Leo hält ein Croissant in die Luft und zeigt auf den Backofen.

Klaus Meier versteht die Botschaft und fragt seine Tochter:
„Soll ich frische Croissants mitbringen? Wir frühstücken zusammen und dann fahren wir los! Einverstanden?"
Klaus Meier verabschiedet sich:
„Ja, ja, ich komme gleich! Tschüs!"
Er schaltet das Handy aus.
„Familie kann manchmal auch richtig nerven! Ich geh dann mal."
„Ach, komm! Fünf Minuten, so viel Zeit muss sein, dann sind die Croissants fertig."

6

Vor dem Fenster fliegt die Landschaft vorbei. Wälder, Wiesen, kleine Dörfer. Fachwerkbauten.

Seit zwei Stunden sitzt Leo im Zug.

Sein Buch liegt auf dem Schoß. Er kann sich nicht konzentrieren.

Immer wieder sieht er aus dem Fenster: Draußen ist die Zeit stehen geblieben.

„Schön sieht es hier aus",
denkt Leo.

„Ich fahre nach Hause.
Quatsch! Mein Zuhause
ist seit fast 40 Jahren in
der Stadt.
Ich fahre zu meiner Mutter.
Das klingt schon besser.
Ich fahre zu meiner Fami-
lie, ich mache eine Reise
in die Vergangenheit."
Leo führt Selbstgesprä-
che.

Leo wartet schon seit
zwanzig Minuten. Allein
steht er auf dem Bahn-
steig und wartet auf seine
Schwester.

„Leo! Hallo, Leo!"
Endlich!
Eine Frau eilt den Bahnsteig entlang. Er geht ein paar Schritte auf sie zu. Sie ist um die Fünfzig, schlank, praktisch gekleidet, ungeschminkt: seine Schwester Gisela.
„Schön, dich zu sehen!", sagt Leo. Bruder und Schwester umarmen sich.
„Entschuldige die Verspätung. Aber es gab wieder mal Ärger in der Schule und ..."
„Kein Problem! Ich habe viel Zeit mitgebracht."
„Wo fahren wir zuerst hin?"
„Wie meinst du das?"
„Willst du gleich ins Hotel oder fahren wir zuerst zu mir oder willst du sofort Mutter sehen?"
„Bitte keinen Stress, Gisela. Am liebsten möchte ich jetzt ins Hotel, mich frisch machen und dann trinken wir in Ruhe noch einen Kaffee. Zu Mutter gehe ich heute Abend."
„Weiß Sie eigentlich, dass du schon da bist?"
„Nein. Das weißt nur du. Ich möchte Mutter überraschen."

„Hallo! Entschuldigung, Fräulein!"
Leo winkt, aber die Bedienung geht weiter.
„Hm, ich glaube, die braucht eine Brille. Sieht die schlecht, oder macht die das mit Absicht?"
„Das ist Lisa, sie war mal in meiner Klasse und jobbt jetzt hier. Die kommt wegen mir nicht."
„Ah ja. Ist ja ein erstklassiger Service. Warte, ich bestelle bei der Chefin."
„Besser nicht."
„Klar doch. Oder willst du hier alt werden?" Leo steht auf und geht zur Theke.

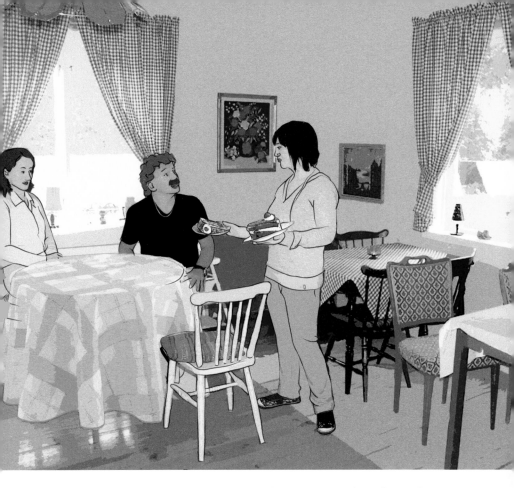

„Die junge Dame sieht uns leider nicht. Kann ich bei Ihnen be-
stellen?"
„Aber selbstverständlich. Was darf es denn sein?"
„Also, einen Kaffee und ..."
„Tasse oder Kännchen?"
„Ein Kännchen Kaffee und ein Kännchen schwarzen Tee, bitte."
„Kuchen dazu? Er ist ganz frisch!"
Leo sieht in die Vitrine und wählt zwei Stück Schwarzwälder
Kirschtorte.
„Lisa bringt Ihnen das gleich!"
„Danke!"

Auf dem Weg zurück zum Tisch denkt Leo über die Café-Besitzerin nach: Kennt er sie? Er muss seine Schwester fragen.

15
●Ü10
●Ü11

„Du, ich glaube, die wollen schließen", sagt Gisela.
Lisa zieht ihren Mantel an und geht. Sie sieht noch einmal zu Leo und Gisela und lächelt.
„Du bist eingeladen", sagt Leo zu seiner Schwester und ruft die Besitzerin.
„Können wir bitte zahlen?"
„Augenblick, ich komme!"
Am Tisch sieht sie Leo direkt ins Gesicht:
„Leo?"
„Hallo, Gerti! Lange nicht gesehen und gleich wiedererkannt! Du hast dich aber auch nicht verändert!"
„Der gleiche Charmeur wie damals. Wie lange ist das jetzt her?"
„Sehr lange!"

Leo steht vor der Haustür und wartet.
Er hört Schritte. Jemand kommt langsam zur Tür.
„Ja bitte?"
„Ich bin's, Mutter!"
Die Tür geht auf.
„Leo! Warum hast du nicht Be-
scheid gesagt? Ich habe gedacht,
du kommst erst morgen."
„Freust du dich denn nicht?"
„Doch, doch, natürlich. Ich bin
nur überrascht. Komm rein.
– Hast du kein Gepäck?"
„Das ist im Hotel."
„Im Hotel? Du hast doch dein
Zimmer hier! Wieso wohnst du
im Hotel?"
„Ich möchte dir keine Umstände
machen, Mutter."
„Ach was. Hast du Hunger? Ich
habe leider schon gegessen. Ich
wusste ja nicht, dass du heute
schon kommst. Aber ich kann
dir ein paar Brote machen."
„Nein danke, Mutter. Ich habe
keinen Hunger. Ich habe heute

Nachmittag mit Gisela gegessen."

„Was? So lange bist du schon da?"

„Ja. Hast du eine Blumenvase, Mutter? Die sind für dich."

Leo drückt seiner Mutter einen riesengroßen Blumenstrauß in die Hand.

„Sind die schön! Danke, mein Junge".

Eine Stunde später haben Mutter und Sohn die wichtigsten Neuigkeiten ausgetauscht. Leo hat von seinem Leben erzählt und die Mutter hat von ihrem Leben erzählt. Sie haben über Gisela und ihre Familie gesprochen. Über Kurt haben sie nicht geredet.

Leo deutet auf ein Tischchen mit vielen Büchern.

„Du liest aber viel."

„Ja! Am liebsten lese ich Liebesgeschichten oder Krimis. Aber leider sind meine Augen nicht mehr so gut. Ich werde schnell müde."

„Und was ist das?"

„Die Hefte habe ich von Gisela: Leichte Lektüren!"

„Soll ich dir vorlesen?"

Leo nimmt ein Heft vom Stapel. Zwischen zwei Seiten liegt ein gelber Zettel. Er schlägt die Seite auf:

6

Vor dem Lagerhaus parken zwei Polizeiautos. Ein paar Männer stehen herum. Einstein und Olli kommen mit ihren Fahrrädern näher. Einstein holt die Skizze aus seiner Jacke.

„Auf der Zeichnung sieht das alles ganz anders aus."

„Zeig mal." Olli nimmt das Blatt und schaut zum Lagerhaus. „Stimmt. Hinter dem Lagerhaus ist kein Parkplatz. Und es gibt keinen Fluss. Egal, komm, wir sehen uns den Tatort mal genauer an!"

Sie sehen ein kaputtes Fenster und ein offenes Tor.

„Da sind sie rein! Und dann haben sie das Tor von innen geöffnet. Kinderleicht!", sagt ein Mann.

„Hat die Spedition keine Alarmanlage?", fragt Olli.

„Das waren Profis! Die schalten die Anlage aus und ratzfatz[11] ist das Lagerhaus leer."

„… und die Spedition ist pleite!", sagt Einstein.

„Quatsch. Das zahlt doch die Versicherung."

„In der Zeitung steht, von den Dieben fehlt jede Spur."

„Das sagt die Polizei immer. Aber die ist seit heute Morgen im Lagerhaus und sucht.

Da! Der Hausmeister von Mansen! Der kann uns bestimmt mehr erzählen!"

18

---

11 *ratzfatz*: ugs. für *sehr schnell, blitzschnell*

Einstein erschrickt. Er kennt den Mann. Der war im
Hamburger-Restaurant!
Der Mann sieht zu der Gruppe. Auch er erkennt
Einstein wieder.
„He, Einstein! Hast du schon wieder ein Gespenst
gesehen?", fragt Olli.
„Ich weiß nicht. Ich muss los, Olli. Ich bin um vier
Uhr mit Dr. Schmidt verabredet ..."

19

Leo sieht, dass seine Mutter eingeschlafen ist, und klappt das ❯Ü12
Heft zu.

8

Zur gleichen Zeit sehen sich Arlette und Iris ein großes Bilderbuch an.

Die beiden spielen Französisch-Unterricht. Iris kann schon viele französische Wörter und sie möchte noch mehr lernen:
„Was ist das?"
„Das ist ein Lastwagen und das heißt auf Französisch ‚camion'!"
„Sehr gut! Und wie heißt das?"
„Das ist ein Fahrrad und das heißt ..."
„Bi..."
„Nein! Nicht vorsagen! Warte, ich weiß es, hm, ‚raclette'!"
Arlette lacht laut und legt das Buch auf den Tisch. Sie nimmt Iris in den Arm und gibt ihr einen Kuss.
„Fast richtig, chérie[12]! Raclette ist eine Käsesorte. Fahrrad heißt ‚bicyclette'."

„Ding-dong, Ding-dong!"
„Dein Handy! Ich hole es!"
„Nein, lass mal. Es ist nur eine SMS. Ich rufe später zurück. So, jetzt noch ein Beispiel und dann musst du ins Bett. Ich habe Veronika versprochen, dass du um neun Uhr im Bett liegst!"
„Ich bin aber gar nicht müde!"
„Das sagst du jeden Abend!"
„Aber morgen ist kein Kindergarten, da kann ich ausschlafen!"
„S'il te plaît, Iris, bitte!"
Iris sucht einen neuen Gegenstand in der großen Zeichnung.
Arlette sieht heimlich auf das Handy-Display: Eine SMS von Felipe.   ❱Ü13

---

12 *chérie: frz. Kosewort:* Liebling, Schatz

„Klirr!"
„Was war das?"
„Ich habe nichts gehört!"
Iris springt auf und läuft zum Fenster.
Vor dem Haus steht Felipe und winkt. Iris winkt zurück.

So hat sich Felipe das Rendezvous nicht vorgestellt: Iris, Arlette und Felipe sitzen am Küchentisch und spielen Mensch-ärgere-dich-nicht[13].
Er konnte Arlette nicht mal richtig begrüßen. Es war nur Zeit für einen flüchtigen Kuss – während Iris das Spiel geholt hat.
„Ich hab dich!", ruft Iris und schlägt eine Spielfigur von Felipe aus dem Spielfeld.
„Mist!"
„Du musst besser aufpassen, mon ami[14]", lacht Arlette.
„Hm", brummt Felipe.
Er ist sehr abgelenkt. Unter dem Tisch versucht er den Fuß von Arlette zu finden. Langsam bewegt er seinen Fuß am Boden: Da!

Iris schaut unter den Tisch:
„Was machst du da unten, Felipe? Konzentrier dich auf das Spiel!"
Felipe bekommt einen roten Kopf.
Eine halbe Stunde später hat Iris zum zweiten Mal gewonnen.
Arlette zeigt auf die Uhr: Schon gleich 22 Uhr.
„Komm, chérie, ab ins Bett!"
„Aber noch eine Gute-Nacht-Geschichte!"
„Eine kurze!"

Veronika öffnet leise die Haustür. Im Flur ist noch Licht. Zum Glück: Beinahe wäre sie über die Schuhe gestolpert!
„Stiefel? Merkwürdig!"
Auch in der Küche brennt Licht. Auf dem Tisch liegt das Spiel.

---

13 *Mensch-ärgere-dich-nicht*: ein sehr beliebtes Gesellschaftsspiel, man spielt es mit Spielbrett und Spielfiguren
14 *mon ami*: frz. mein Freund

Sie geht ins Wohnzimmer. Niemand da.
Dann geht sie leise ins Kinderzimmer:
Iris sitzt im Bett und links und rechts neben ihr schlafen Arlette
und Felipe. Im Schlaf halten sie Händchen.[15]
„Psst, Mama! Kann ich zu dir ins Bett kommen?"

15 *Händchen halten*: wenn Verliebte sich an den Händen halten

9

Am Eingang vom Festsaal steht die ganze Familie:
Die Mutter, daneben Leo, dann seine Schwester Gisela und ihr
Mann Martin mit ihren Kindern. Hinter Martin steht Kurt. Er
ist auch mit seinen beiden Kindern gekommen, aber ohne seine
Frau.

Gemeinsam begrüßen sie die Festgäste:
„Willkommen!"
„Alles Gute zum Geburtstag!"
„Schön, dass ihr gekommen seid!"
„Danke für die Einladung!"
„Ist das nicht Leo? Schön, dass wir uns wieder einmal sehen!"
„Wo ist denn deine Frau, Kurt?"
Ü14 „Sind das deine Kinder, Gisela? Sind die groß geworden!"

Der Sohn von Gisela und Martin macht Fotos.
Die anderen Kinder begleiten die Gäste zum Tisch in den Festsaal.
An jedem Platz ist ein Namenskärtchen.

Schließlich sind alle Plätze besetzt und die Mutter gibt den Kellnern ein Zeichen. Sie bringen Gläser mit Sekt und für die Kinder Saft.
Dann eröffnet die Mutter die Feier:
„Meine lieben Gäste, ich freue mich, dass ihr alle gekommen seid. Und ich hoffe, ihr habt viel Hunger mitgebracht. Ich wünsche euch guten Appetit und uns allen ein schönes Fest!"
Das Geburtstagsessen beginnt.

Nach dem Hauptgericht klopft Leo an sein Glas.
Die Gäste unterhalten sich weiter und Leo klopft noch einmal an sein Glas. Diesmal fester.
„Pscht! Eine Rede! Leo hält eine Rede!"
Nach kurzer Zeit ist es ganz still im Festsaal.
Leo steht auf.

❯Ü15

22

Nach dem Essen bilden sich kleine Gruppen und die Gäste reden miteinander. Auch Leo muss viele Fragen beantworten:
„Was machst du eigentlich in der Stadt?"
„Ich habe gehört, du bist Maler? Stimmt das?"
„Du hast jetzt ein Feinschmecker-Restaurant, ja?"
„Und was macht deine Familie, Leo? Warum hast du deine Frau nicht mitgebracht?"
Geduldig beantwortet Leo die Fragen und erzählt von seinem Leben in der Stadt.

Gisela gibt ihm ein Zeichen und er sieht zu seiner Mutter hinüber.

„Das Fest war sehr anstrengend für sie. Ich bringe sie jetzt nach Hause."

„Ich mach das schon, Gisela!", sagt Leo.

„Ich komme mit!", sagt Kurt.

Leo hat den ganzen Abend kein Wort mit seinem Bruder gesprochen. Er ist überrascht von dem Vorschlag.

„Ja, das ist eine gute Idee. Wir bringen sie beide nach Hause. Es ist ja nicht weit und die frische Luft tut ihr bestimmt gut."

„Ich glaube, das hat es noch nie gegeben."

„Was meinst du, Mutter?"

„Dass mich meine beiden Söhne nach Hause bringen! Das ist noch nie passiert, oder?"

Leo sieht seinen Bruder an. Kurt zuckt die Schultern.

„Ich glaube nicht. Aber für alles gibt es ein erstes Mal."

„So, den Rest schaffe ich alleine! Danke, Jungs! Leo, kommst du morgen noch einmal?"

„Ja, wollen wir gemeinsam frühstücken?"

„Schön! Ich erwarte dich um neun Uhr. Gute Nacht!"

„Ich kann dich noch ein Stück begleiten."

„Gern."

Die beiden Brüder gehen schweigend durch die Nacht bis zu Leos Hotel.

„So, da sind wir. Kommst du noch auf einen Schluck mit rein?"

„Nein, ich geh auch nach Hause. Hm, Leo?"

„Ja?"

„Hat dir Gisela erzählt, dass – ich meine, das mit meiner Frau?"

Leo nickt.

Nach einer Pause sagt er: „Besuch mich doch einfach mal in der Stadt. Vielleicht tut dir ein Tapetenwechsel[16] ganz gut!"
„Wirklich? Einfach so?"
„Na klar, kleiner Bruder!"
Kurt geht zu Leo und umarmt ihn.
„Das ist auch noch nie passiert", denkt Leo und geht auf sein Zimmer.
❯Ü16

16 *der Tapetenwechsel*: ugs. für der Ortswechsel

Pünktlich um neun Uhr klingelt Leo bei seiner Mutter.

„Guten Morgen, mein Junge! Komm rein."

Leo stellt seinen Koffer in den Flur und hängt seinen Mantel an die Garderobe.

Es duftet nach Kaffee.

Die Mutter hat den Tisch im Wohnzimmer gedeckt. Das gibt es nur bei besonderen Anlässen. Die Mutter gießt Kaffee ein.

„Das war ein schönes Fest! Ich glaube, den anderen hat es auch gefallen."

„Bestimmt!"

„Und Kurt?"

„Kurt besucht mich bald in der Stadt."

„Wirklich? Das freut mich!"

„Komm doch einfach mit!"

„Vielleicht. Aber es ist gut, wenn Kurt dich zuerst besucht. Er braucht Tapetenwechsel."

Leo lacht.

„Warum lachst du? Ich meine das ernst!"

„Das gleiche habe ich ihm gestern Nacht auch gesagt!"

„Tja, der Apfel fällt nicht weit vom Stamm!"[17]

---

17 *der Apfel fällt nicht weit vom Stamm*: Redewendung; damit sagt man, dass Kinder ihren Eltern sehr ähnlich sind

„Wann geht dein Zug?"

„In einer halben Stunde. Ich muss langsam los."

„Dann beeil dich! Der Weg zum Bahnhof ist weit!"

„Nein, Mutter, keine zehn Minuten. Wir haben noch Zeit."

„Willst du dir ein bisschen Proviant mitnehmen? Brote, einen Apfel?"

„Nein, Mama, ich habe gut gefrühstückt!"

„Mama hast du schon lange nicht mehr zu mir gesagt."

„Stimmt."

„Wir sind auf einem guten Weg! Ich habe mich sehr gefreut, dass du gekommen bist. Du weißt, mein Haus steht dir immer offen, und ich wünsche mir, dass das nicht dein letzter Besuch war, bevor ..."

„Mama!"

Leo hat einen dicken Kloß im Hals. Er kann kaum sprechen. Seine Augen füllen sich mit Tränen.

„Ich besuche dich bald wieder, Mama, und ich ruf dich jede Woche an."

„Versprechen muss man halten, Leo. Schreib mir einfach mal eine E-Mail. Hier ist meine Adresse."

„Du hast eine E-Mail-Adresse? Auch einen Computer?"

„Seit vielen Jahren. Weißt du, wir Alten sind zwar nicht mehr so beweglich, aber im Internet sind wir genauso schnell wie die Jungen. Diese neumodischen Sachen sind perfekt für uns! – Und jetzt beeil dich!"

❯Ü17

„Sehr verehrte Fahrgäste …"

Leo wacht auf. Er hat geschlafen!

Er hört den Rest der Lautsprecher-Durchsage:

„Unser Zug endet hier!"

„Was? Schon da? Das ging aber schnell", murmelt Leo.

Der Zug hält.

Leo zieht seinen Mantel an, nimmt den Koffer und steigt aus.

Langsam geht er den Bahnsteig entlang.

Es riecht nach Zuhause.

Vor dem Bahnhof bleibt er stehen.

„Braucht der Herr ein Taxi?"

„Nein, danke! Ich nehme den Bus."

Leo antwortet mechanisch. Aber die Stimme kommt ihm bekannt
vor. Er dreht sich um.

„Paco! Was machst du denn hier?"

„Ich hole dich ab. Alle warten schon!"

„Wer alle?"

„Na, wir alle! Anna und Benno machen ein Begrüßungsessen für
dich."

„Und woher wisst ihr, dass ich mit diesem Zug komme?"

„Großes Geheimnis! Aber Klaus hat so seine Informanten, besser
gesagt, seine Informantinnen", lacht Paco.

„Komm, gib mir deinen Koffer!"

Leo folgt Paco zum Auto.

Der legt den Koffer ins Auto und hält Leo elegant die Autotür
auf.

„Por favor! Bitteschön, der Herr!"
Leo steigt noch nicht ein.
„Paco, wer ist ‚wir alle'?"
„Ja, einfach wir alle! Deine Familie!"
Leo spürt wieder den Kloß im Hals.
Aber Paco hat keine Zeit für Sentimentalitäten:
„Komm jetzt, sonst wird das Essen kalt!" ❯Ü18

ENDE

KAPITEL 1

1a Welche Personen und Tiere gibt es in der Geschichte? Hören Sie und kreuzen Sie an.

Der Großvater	☐	Der Elefant	☐
Der Sohn	☐	Der Hund	☐
Die Mutter	☐	Die Kuh	☐
Die Großmutter	☐	Das Schwein	☐
Der Vater	☐	Die Katze	☐
Das Enkelkind	☐	Die Maus	☐

1b Lesen Sie und vergleichen Sie.

Der Großvater hat im Garten Rüben gepflanzt. Die Rüben sind gewachsen und gewachsen und eine Rübe ist ganz besonders groß geworden: Riesengroß! Eines Tages geht der Großvater in den Garten und möchte die Rübe aus dem Boden ziehen. Er zieht und zieht, aber

die Rübe geht nicht raus. Er ruft die Großmutter. Die Großmutter zieht am Großvater, der Großvater zieht an der Rübe und sie ziehen und ziehen – aber die Rübe geht nicht raus. Er ruft sein Enkelkind. Das Enkelkind zieht an der Großmutter, die Großmutter zieht am Großvater, der Großvater zieht an der Rübe und sie ziehen und ziehen – aber die Rübe geht nicht raus. Er ruft seinen Hund. Der Hund zieht am Enkelkind, das Enkelkind zieht an der Großmutter, die Groß-mutter zieht am Großvater, der Großvater zieht an der Rübe und sie ziehen und ziehen – aber die Rübe geht nicht raus. Er ruft seine Katze. Die Katze zieht am Hund, der Hund zieht am Enkelkind, das Enkel-kind zieht an der Großmutter, die Großmutter zieht am Großvater, der Großvater zieht an der Rübe und sie ziehen und ziehen – aber die Rübe geht nicht raus. Da hat die Katze eine Idee. Sie ruft die Maus! Und die Maus zieht an der Katze und die Katze zieht am Hund, der Hund zieht am Enkelkind, das Enkelkind zieht an der Großmutter, die Großmutter zieht am Großvater, der Großvater zieht an der Rübe und sie ziehen und ziehen – und ziehen die Rübe raus!"

2 **Was wissen Sie über die Personen in Kapitel 1? Schreiben Sie.**

Personen	Informationen zu den Personen
Leo	

KAPITEL 2

3 **Es gibt neue Personen und neue Informationen. Ergänzen Sie die Tabelle von Ü2.**

4a Lesen Sie. Hören Sie und antworten Sie.

a Was ist das Problem von Klaus? _____ .

b Welches Gericht bestellt Klaus? _____

4b Kennen Sie die Gerichte? Ordnen Sie zu.

1. Kohlrouladen   A Kugeln aus Kartoffelteig, in Salzwasser gegart
2. Knödel   B gebratene runde Plätzchen aus geriebenen
                                       Kartoffeln
3. Kartoffelpuffer   C Nudelgericht, mit Käse überbacken
4. Käsespätzle   D Blätter aus Weißkohl mit einer Füllung
                                       (oft Hackfleisch)

4c Hören Sie noch einmal und ergänzen Sie.

Kartoffelpuffer • Vegetarierin • Kaiserschmarren •
Willkommen-Essen • Kohlrouladen • Knödel • Käsespätzle

„... Ich habe eine Idee und brauche deine Hilfe: Ich, besser gesagt, wir,

wir möchten ein kleines _____
für Arlette bestellen."
„Gute Idee!"

„Na ja, es gibt nur ein kleines Problem."
„Raus damit!"

„Sie ist _____. Und dabei wollte ich eigentlich
ein typisch deutsches Essen für sie bestellen. Gibt es auch was Vegetarisches?"
„Hm, du meinst was vegetarisches Deutsches? – Wie findest du

_____?"
„Igitt! Ich mag keinen Kohl!"

„Okay, keinen Kohl. _____? Oder

_____?"
„Na ja, schon besser."

„Oder _____? Marillenknödel? Hm
– Kartoffeln! Pellkartoffeln mit Matjes?"
„Nein!"

„_____ mit Apfelkompott?"
„Stopp, warte! Ich glaube, Käsespätzle sind gut! Mit gerösteten Zwiebeln!"

4d **Machen Sie einen anderen vegetarischen Menü-Vorschlag für
das Willkommen-Essen.**

Vorspeise: _____

Hauptgericht: _____

Nachspeise: _____

KAPITEL 3

5 **Welche Personen sind neu? Was erfahren Sie über sie? Ergänzen Sie die Tabelle von Ü2.**

KAPITEL 4

6 Was glauben Sie, wer ist Gisela? Sammeln Sie Ideen.

 7a Wer ist Gisela und was will sie von Leo? Hören Sie und notieren Sie.

_____

_____

 7b Hören Sie noch einmal und ordnen Sie den Dialog.

_1_ „Hallo? Leo?"

___ „Du kennst mich schon noch, oder?"

___ „Wie geht es Mutter?"

___ „Lange her."

___ „Nächste Woche? Warum? Was ist nächste Woche?"

___ „Ein paar Jahre schon. Genau gesagt, seit Vaters Tod.

___ „Kommst du nächste Woche?"

___ „Das fragst du sie am besten selbst! – Kommst du?"

___ „Wann feiert ihr?"

_13_ „In Ordnung. ... Ich überleg's mir. ..."

___ „Mutters 80. Geburtstag. Alle kommen! – Bist du noch dran? Du hast den Geburtstag vergessen, nicht wahr? So wie uns."

___ „Ja. – Hallo, Gisela."

___ „Am Samstag."

KAPITEL 5

8 Ordnen Sie zu.

1. Klaus Meier besucht	A dass Leo Geschwister hat.
2. Leo hat die ganze Nacht	B an ihrem Geburtstag besuchen.
3. Er erzählt Klaus,	C seinen Freund Leo sehr früh.
4. Für Klaus ist neu,	D nicht geschlafen.
5. Leo wird seine Mutter	E dass seine Schwester angerufen hat.

9 Lesen Sie. Was passt zu wem? Hören Sie und kreuzen Sie an.

	Leo	Vater	Bruder	Schwester
sich für Kunst interessieren				
Maler werden				
die Kunstakademie besuchen				
Geld verdienen wollen				
hart arbeiten				
auf das Gymnasium gehen				
von zu Hause weggehen				
immer streiten				
die Arbeit verlieren				
der gute Sohn sein				
heiraten				
Kinder haben				
ein eigenes Haus haben				
einen ordentlichen Beruf haben				
das Sorgenkind sein				

KAPITEL 6

10a Was erfahren Sie über Leos Bruder? Hören Sie und notieren Sie.

Leos Bruder ...

10b Hören Sie noch einmal und ergänzen Sie.

...

„Und wie geht es Kurt?"

„... Kurt und seine Frau haben sich get_____. Sie ist ausgezogen und hat die Kinder mit_____."

„So? Ich dachte immer, die beiden führen eine Musterehe. – Und was macht Kurt jetzt?"

„Ich glaube, es geht ihm sehr sch_____. Er sitzt al_____ im neuen Haus, auf einem Berg von Schulden. Seine Ki_____ darf er nur am Wo_____ sehen. Und nach der Scheidung muss er wohl das Ha_____ ver_____."

„Tja, so ist das Le_____. Man denkt, man macht alles richtig: Den richtigen Schulabschluss, das richtige Stu_____, die richtige Ka_____, die richtige Frau. Für Vater war er der Mustersohn, ein Vorbild! Und jetzt ... Aber jede zweite Ehe wird gesch_____. Deine Ehe funktioniert, seine nicht. Das ist eine Quote von fün_____ Pro_____. Also, alles ganz nor_____."

11 Haben Sie Geschwister? Schreiben Sie ein paar Sätze.

Ich habe einen Bruder / zwei Schwestern / ...
Er/Sie heißt/ist/hat ...

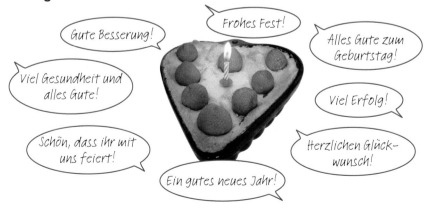

KAPITEL 7

12a Leo liest seiner Mutter vor. Was ist das für ein Text? Kreuzen Sie an.

1. eine Liebesgeschichte ☐
2. Nachrichten ☐
3. ein Krimi ☐

12b Welche Schlüsselwörter für Ihre Wahl finden Sie im Vorlesetext? Notieren Sie.

KAPITEL 8

13 Was hat Felipe in seiner SMS wohl geschrieben? Schreiben Sie eine SMS.

KAPITEL 9

14 Was kann man bei einem Geburtstag/Geburtstagsfest nicht sagen? Streichen Sie durch.

Gute Besserung!

Frohes Fest!

Alles Gute zum Geburtstag!

Viel Gesundheit und alles Gute!

Viel Erfolg!

Schön, dass ihr mit uns feiert!

Herzlichen Glückwunsch!

Ein gutes neues Jahr!

15a Hören Sie.

15b Lesen Sie und ordnen Sie. Nummerieren Sie die richtige Reihenfolge.

_1_ „Liebe Mutter!

_2_ Ich stelle fest, du hast eine ganz schön große Familie! Heute, zu deinem Geburtstag, sind wir wieder einmal alle zusammengekommen: allen voran deine

___ hat nachgeholfen. Danke, Gisela! Ich kann es kaum glauben, dass wir heute deinen achtzigsten Geburtstag feiern. Haben wir nicht erst kürzlich deinen

___ Geschwister, Hedwig und Paul! Deine Kinder, Gisela, Kurt, ich. Und natürlich deine vielen Enkelkinder. Nicht vergessen möchte

___ siebzigsten Geburtstag gefeiert? Und ich bin doch auch erst vor ein paar Jahren in die Stadt gezogen, oder? Egal. Die Zeit vergeht, aber eine

___ ich deine Freundinnen und Freunde! Euch auch ein herzliches Willkommen! Ich freue mich, dass ich bei euch bin. Aber ich will ganz ehrlich sein: Gisela

___ Familie soll sich nicht aus den Augen verlieren. Ich verspreche, auch ich werde wieder öfter kommen. Bis zu meinem nächsten Besuch werden keine sieben

_8_ Jahre vergehen. Lasst uns feiern und auf die nächsten 10 Jahre trinken."

15c Hören Sie noch einmal und vergleichen Sie.

16 Richtig oder falsch? Kreuzen Sie an.

	R	F
1. Die Gäste freuen sich, dass Leo auch gekommen ist.	☐	☐
2. Leo ist genervt, weil ihn die Leute so viel fragen.	☐	☐
3. Gisela bringt ihre Mutter nach dem Fest nach Hause.	☐	☐
4. Leo bringt seine Mutter nach dem Fest nach Hause.	☐	☐
5. Leo und Kurt bringen ihre Mutter nach dem Fest nach Hause.	☐	☐
6. Leo verabschiedet sich von seiner Mutter, er muss am nächsten Morgen früh fahren.	☐	☐
7. Leo lädt seinen Bruder zu einem Besuch in die Stadt ein.	☐	☐

KAPITEL 10

17 Antworten Sie.

a Was verspricht Leo seiner Mutter?

_____

b Was möchte Leos Mutter?

_____

18 Ist Ihre Familie wichtig für Sie? Warum (nicht)? Schreiben Sie.

Ja, weil ... / denn ...

Nein, nicht so sehr, weil ... / denn ...

A AU-PAIR

1 Rechte und Pflichten

Au-pair heißt auf Gegenseitigkeit, d.h. Au-pairs sind junge Menschen, die für eine bestimmte Zeit in eine Gastfamilie aufgenommen werden

und als Gegenleistung bestimmte Aufgaben in der Familie übernehmen. Die Pflichten und Rechte der Au-pairs und der Gastfamilien sind streng geregelt. Die Gastfamilie muss zum Beispiel ein eigenes abschließbares Zimmer zur Verfügung stellen, das Au-pair nimmt an den Mahlzeiten teil, bekommt in Deutschland ein Taschengeld in Höhe von 260 Euro im Monat und ist krankenversichert. Die Gastfamilie bezahlt die Fahrkarten für die öffentlichen Verkehrsmittel, die Lebensmittel und die Kosten für gemeinsame Unternehmungen. Im Haushalt und bei der Kinderbetreuung darf ein Au-pair in Deutschland maximal 30 Stunden in der Woche mithelfen und es soll mindestens eineinhalb Tage in der Woche frei haben. Außerdem hat ein Au-pair Anspruch auf vier bezahlte Wochen Urlaub im Jahr. Ein Au-pair hat das Recht, einen Sprachkurs zu besuchen, und die Gastfamilie muss dafür sorgen, dass das Au-pair dafür genug Zeit hat. Bezahlen muss die Gastfamilie den Sprachkurs aber nicht. Auch die Kosten für die An- und Abreise bezahlt das Au-pair selbst.

2 Welche Rechte haben Au-pairs? Welche Pflichten haben Gastfamilien? Lesen Sie noch einmal und markieren Sie im Text oder notieren Sie.

3 Aufgaben von Au-pairs

Au-pairs sind keine Haushaltshilfen. Deshalb gibt es viele Aufgaben, die ein Au-pair nicht übernehmen muss. Dazu gehört zum Beispiel die komplette Wohnung oder das ganze Haus putzen, Fenster reinigen, Rasenmähen, das Auto waschen. Typische Aufgaben von Au-pairs sind dagegen die Kinderbetreuung (mit den Kindern spielen, sie in den Kindergarten oder in die Schule bringen, bei den Hausaufgaben helfen, für die Kinder kochen, etc.), leichte Hausarbeiten, beim Waschen und Bügeln helfen oder einfache Mahlzeiten zubereiten. Ein Au-pair darf zwischen 18 und 24 Jahre alt sein, maximal 12 Monate in Deutschland bleiben und muss Grundkenntnisse in der deutschen Sprache haben.

4 Richtig oder falsch? Kreuzen Sie an.

R F

1. Au-pairs sind Haushaltshilfen und müssen vor allem putzen. ☐ ☐
2. Au-pairs sind vor allem für die Kinderbetreuung zuständig. ☐ ☐
3. Sie helfen beim Kochen, Waschen und Bügeln. ☐ ☐
4. Sie müssen im Garten arbeiten. ☐ ☐
5. Als Au-pair muss man keine Deutschkenntnisse haben. ☐ ☐

B RUNDE GEBURTSTAGE

5 Wie gefällt Ihnen die Äußerung von A. Schweitzer? Notieren Sie ein paar Gedanken.

Mit 20 hat jeder das Gesicht, das Gott ihm gegeben hat,
mit 40 das Gesicht, das ihm das Leben gegeben hat,
und mit 60 das Gesicht, das er verdient.
Albert Schweitzer

6 Geburtstage in den deutschsprachigen Ländern

Viele Menschen feiern jeden Geburtstag. Aber die runden Geburtstage, d.h. der 20. der 30, der 40., etc. sind für die meisten Menschen besondere Geburtstage. Mit 30 gilt man endlich als erwachsen, mit 40 als nicht mehr wirklich jung. Deshalb ist der 40. Geburtstag gerade für Frauen nicht immer ganz einfach. Der 50. Geburtstag dagegen wird oft groß gefeiert. Man lebt schon ein halbes Jahrhundert, hat viel erlebt und noch vieles vor. Mit 60 beginnt für viele Menschen ein etwas ruhigerer Lebensabschnitt. Manche Menschen hören auf zu arbeiten, andere machen Pläne und wollen endlich machen, wozu bis jetzt keine Zeit war: längere Urlaube, Reisen, Hobbys, Zeit für die Enkelkinder. Mit 70 sind fast alle im Ruhestand, d.h. sie sind nicht mehr berufstätig. Ein Zeitpunkt, um zu überprüfen, was aus den Plänen, die man mit 60 gemacht hat, geworden ist. Der 80. Geburtstag ist etwas ganz Besonderes. Er wird in der Regel groß gefeiert, mit der ganzen Familie, den Verwandten und Freunden. Man kann auf ein langes Leben zurückblicken und freut sich, wenn man noch (einigermaßen) gesund ist. In ländlichen Regionen kommt der Bürgermeister und gratuliert dem Geburtstagskind persönlich. Ist man Mitglied einer Kirche, kommt auch der Pfarrer zu Besuch oder zum Fest und in der Zeitung kann man einen kurzen Überblick über das Leben des Jubilars lesen.

7 Gibt es bei Ihnen auch besondere Geburtstage? Was bedeuten sie für die Menschen und wie feiert man sie? Schreiben Sie.

C GEBURTSTAGSBRÄUCHE

8 Geburtstagsbräuche in Deutschland

Zusätzlich zur Geburtsfeier gibt es in manchen Regionen Deutschlands traditionelle Geburtstagsbräuche. Es kann sein, dass ein unverheirateter Mann zum 25. Geburtstag einen Sockenkranz aus gebrauchten oder neuen Socken bekommt. Man signalisiert ihm damit, dass er eine „alte Socke" ist, d.h. sich schnell eine Frau suchen soll, damit er kein alter Junggeselle wird oder bleibt. Alternativ kann es auch ein Flaschenkranz sein. Das bedeutet, der Mann ist eine alte Flasche, weil er noch nicht verheiratet ist. Eine Flasche sein bedeutet in der Umgangs-

sprache keinen Erfolg haben oder etwas nicht gut machen. Diese Bräuche sind oft mit reichlich Alkoholgenuss verbunden. Aber auch unverheiratete Frauen können überrascht werden, je nach Region an ihrem 25. oder 30. Geburtstag: mit einem Schachtelkranz aus alten Schachteln oder leeren Schachteln als Geschenk. Damit wird gesagt, dass die Frau eine „alte Schachtel" ist. „Alte Schachtel" ist auch ein Schimpfwort für ältere, eher unattraktive oder unsympathische und oft etwas seltsame Frauen. Im Norden Deutschlands müssen unverheiratete Männer an ihrem 30. Geburtstag Treppen kehren, z.B. vor dem Rathaus. Der Mann muss so lange fegen, bis er von einer Frau freigeküsst wird. Die Variante für Frauen ist das Klinkenputzen, d.h. sie müssen Türklinken reinigen, bis sie von einem Mann geküsst werden.

9 Welche Geburtstagsbräuche gibt es bei Ihnen? Notieren Sie.

10 Wie feiern Sie Ihre Geburtstage? Erzählen Sie.

Übersicht über die in dieser Reihe erscheinenden Bände:

Stufe 1 ab 50 Lernstunden

Gebrochene Herzen	64 Seiten	Bestell-Nr. **49745**
Die Neue	64 Seiten	Bestell-Nr. **49746**
Schwere Kost	64 Seiten	Bestell-Nr. **49747**
Der 80. Geburtstag	64 Seiten	Bestell-Nr. **49748**
Miss Hamburg	64 Seiten	Bestell-Nr. **46501**
Das schnelle Glück	64 Seiten	Bestell-Nr. **46502**
Die Prinzessin	64 Seiten	Bestell-Nr. **46506**
Ein Hundeleben	64 Seiten	Bestell-Nr. **46507**

Stufe 2 ab 100 Lernstunden

Schöne Ferien	64 Seiten	Bestell-Nr. **49749**
Der Jaguar	64 Seiten	Bestell-Nr. **49750**
Große Gefühle	64 Seiten	Bestell-Nr. **49752**
Unter Verdacht	64 Seiten	Bestell-Nr. **49753**
Liebe im Mai	64 Seiten	Bestell-Nr. **46503**
Der Einbruch	64 Seiten	Bestell-Nr. **46504**
Oktoberfest – und zurück	64 Seiten	Bestell-Nr. **46508**
In Gefahr	64 Seiten	Bestell-Nr. **46509**

Stufe 3 ab 150 Lernstunden

Stille Nacht	64 Seiten	Bestell-Nr. **49754**
Leichte Beute	64 Seiten	Bestell-Nr. **49755**
Hinter den Kulissen	64 Seiten	Bestell-Nr. **46505**
Speed Dating	64 Seiten	Bestell-Nr. **46510**